Andrzej Grzyb

URODA KOCIEWIA

bernardinum
2012

Fotografie i tekst **Andrzej Grzyb**
Korekta **Justyna Maluga**
Tłumaczenie angielskie **Urszula Szybowska**
Tłumaczenie niemieckie **Magdalena Madeja-Grzyb**

Opracowanie graficzne **Olgierd Lichy**

ISBN 978-83-7823-053-3

Wydawca
Wydawnictwo „Bernardinum" Sp. z o.o.
ul. Biskupa Dominika 11, 83-130 Pelplin
tel. 58 536 17 57, fax 58 536 17 26
e-mail: bernardinum@bernardinum.com.pl
www.bernardinum.com.pl

Druk i oprawa **Drukarnia Wydawnictwa „Bernardinum" Sp. z o.o., Pelplin**

English Language Camp, Tczew 2012

Dear Carson Bock!

Greetings from Kociewie, a region in the north of Poland where traditional customs are still a part of everyday life. Famous for breathtaking landscapes and good food, Kociewie always welcomes travelers and all those who seek for peace and appreciate the beauty of simple life. People here are friendly, honest and hard-working. Delicious food, local historical attractions and tourist trails attract people from all over the world. We hope that good memories from Kociewie will stay with you wherever you go. We are always here to welcome you with our arms open.

Polish staff members

Echo

za Frostem

O zmierzchu pójdę nad strumień zobaczyć
jak bobry się trudzą
przy budowie tamy – I ty przyjdź

Zajrzę też za wzgórek
by policzyć w kotlinie z chmarą już złączone
jelenie cielęta – Proszę przyjdź

Nie mów że jest za późno
Dla nas miła wieczór czerni niebo
I rozpala gwiazdy – Przyjdź

Zagubionym czuje się ten, kto nie może powiedzieć, skąd pochodzi. Mówimy, że jesteśmy Polakami, ale zaraz potem mówimy o stronach domowych, gdzie urodziliśmy się albo urodzili się nasi rodzice, albo dziadowie. Powtarzamy nasze rodzinne opowieści, nosimy pod sercem zasługi i przewiny przodków, ich radości i cierpienia. Tak ukorzenieni pewniej stąpamy po ziemi. Wiedząc, gdzie jest nasza kraina dzieciństwa, miejsce, do którego żywimy serdeczną sympatię, miejsce wraz z okolicą, która zachowała lepiej lub gorzej gwarę – mowę domową, zwyczaje, dziś już niewiele, a jednak różniące się od ogólnopolskich, miejsce, które ma swoją nazwę, smaki, krajobrazy, pieśni i wspólne mieszkańcom poczucie społecznej, regionalnej więzi.

Kociewie to jedna z etnicznych krain różnorodnego, współczesnego Pomorza. Ziemie dzisiejszego Kociewia, w czasach przedpiastowskich czasem nazywane Wenedią, od wczesnych wieków średnich dzieliły historyczne losy Polski, były obszarem jednego z księstw pomorskich, następnie częścią Królestwa Piastów, krainą zniewoloną przez Krzyżaków, perłą w koronie Rzeczypospolitej Obojga Narodów, Prusami Królewskimi, zaborem pruskim, częścią województwa pomorskiego w II Rzeczypospolitej. Od drugiej połowy XIX wieku polscy etnografowie mniej lub bardziej wyraźnie na mapie regionów Polski wyróżniali Kociewie. Bystroń Kociewiaków wymienia w grupie pierwotnej Pomorzan jako grupę pośrednią między Pomorzanami a Mazurami. Fischer Kociewiaków zalicza do Kujawian, podgrupy Wielkopolan. Poniatowski określa Kociewiaków jako grupę mieszaną, a Kamocki wymienia

Kociewiaków wśród Pomorzan. Zakrzewski w roku 1888 w grupie pomorsko-pruskiej pewnie umieścił Kociewiaków. Jakkolwiek ma się wahająca myśl etnograficzna, dzisiaj Kociewie jest wyraźnym regionem etnicznym pośród polskich regionów. Najważniejszym argumentem, doceniając inne odróżniające cechy etniczne, jest samoświadomość Kociewiaków i współczesne w działaniu potwierdzenia istnienia Kociewia.

Kociewie leży na lewym brzegu Wisły w dorzeczach jej trzech dopływów: Wdy, Mątawy i Wierzycy, i części dorzecza Motławy. Trzy powiaty: starogardzki, tczewski i świecki są kociewskie w całości, ale do naszego regionu należy również gmina Trąbki Wielkie z powiatu gdańskiego i część gmin Liniewo i Stara Kiszewa z powiatu kościerskiego. Jest to obszar liczący około 3.100 kilomentrów kwadratowych w większości należący administracyjnie do województwa pomorskiego, a tylko 22 procent Kociewia leży w województwie kujawsko-pomorskim. Około 350 tysięcy ludzi zamieszkuje Kociewie, ale brakuje badań na temat identyfikacji regionalnej. Nie wiemy, ilu mieszkańców z tej niemałej rzeszy czuje się Kociewiakami.

Kociewska kraina ma, prócz równin, takich jak walichnowska, zróżnicowaną rzeźbę powierzchni, w okolicach Skarszew i Pogódek czy Gniewa wznoszą się malownicze wzgórza, a w leśno-polnych częściach regionu, prócz żyznych pól, są też laski i piaski. W gminie Osiek położone jest Kociewskie Morze, jezioro Kałębie. Z ponad dwustu jezior to jest największe w regionie (powierzchnia 466 ha). Jest ono dla Kociewia tym, czym Wdzydze dla Kaszub. Malowniczość okolic nad Kałębiem harmonijnie zestroiła się z bogactwem historii starego Osieka, pamiętającego wędrowców bursztynowego szlaku, ułomki pokrzyżackiego zamku, w którym zasiadali też niegrodowi starostowie. W tej okolicy współcześnie dominują rozległe bory od Skórcza przez Ocypel, Lubichowo, Śliwice, Tleń po Warlubie. „Zielony krąg" to nie jest jedyny obszar borów, Bory Tucholskie bowiem to też część gminy Zblewo, gmina Kaliska, Czarna Woda i Osieczna. Opisując ten podregion, przypomnieć trzeba, że zamieszkujących go Kociewiaków dawniej zwano Lasakami, a czasem mylnie zaliczano do Borowiaków.

Dalej na południe obszar sięgający granicznego Gruczna zamieszkuje podgrupa Kociewiaków zwana dawniej Polanami, bo najrozleglejsze są tam pola. Z nadwiślańskiej wysokiej skarpy, ciągnącej się kilometrami, zwanej przez miejscowych Czarcimi Wzgórzami albo Diabelcami, najlepiej widać czarną wodę Wdy, zwanej też Czarną Wodą, uchodzącą pod Świeciem do Wisły, królowej rzek polskich. Stąd niedaleko do Nadwiślańskiego Parku Krajobrazowego z pamiątkami po „Olendrach", osiedleńcach z Niderlandów – mennonitach – którzy osuszyli te tereny i przysposobili je do intensywnej uprawy. Płynąca opodal Mątawa i malownicze jeziora tworzą w tej części regionu tak zwaną Szwajcarię Rulewską.

Pod Gniewem kończy bieg Wierzyca meandrująca między polami i łąkami. W niej przegląda się wzgórze z miastem, na którym góruje bryła gotyckiej fary i wielka budowla pokrzyżackiego zamku. Gniew i jego zamek to również pamięć o Janie III Sobieskim, a współcześnie potyczki rycerskie z Krzyżakami czy też Szwedami to część nawiązywania do historycznej tradycji. W gniewskim zamku gospodarzą, prócz kasztelana, myśliwi wespół z oddziałem gdańskiego Muzeum Archeologicznego.

W Piasecznie znajduje się największe sanktuarium maryjne Kociewia ze słynną studzienką. W miejscowym Muzeum Tradycji i Historii Ruchu Ludowego pełno pamiątek po Juliuszu Kraziewiczu, nestorze ziemiańskich i chłopskich spółdzielców. Dalej, idąc wzdłuż Wisły, dojść możemy poprzez Opalenie do Nowego, gdzie ocalała średniowieczna fara i fragment pokrzyżackiego zamku, i wreszcie zatrzymać się w Świeciu, mieście, które zostało wymienione w 1198 roku w akcie Grzymisława, obok Lubiszewa i Starogardu, jako główna książęca siedziba, gdzie też zachował się pokrzyżacki zamek.

Gdyby popłynąć w górę Wierzycy, jak to niegdyś czynił król Jan Sobieski ze swoim dworem, łatwo trafić do Pelplina. To jest duchowa stolica Kociewia, w tym mieście bowiem znajduje się siedziba biskupa diecezjalnego. Światowy rozgłos zapewnia miastu świątynia po cystersach, którzy w 1276 roku przenieśli się tutaj z też kociewskich Pogódek. To wielka architektoniczna osobliwość. W miejscowym Muzeum Diecezjalnym, obok wielu arcydzieł sztuki sakralnej, mieni się szczególny skarb – jedyna w Polsce Biblia Gutenberga.

Z Pelplina przez Klonówkę albo Jabłowo niedaleko do Starogardu Gdańskiego, stolicy Kociewia, miasta leżącego też nad Wierzycą. Tu trwa pamięć po joannitach, jest też stara gotycka fara św. Mateusza i godne zwiedzenia Muzeum Ziemi Kociewskiej, prezentujące wszechstronną wiedzę o całym Kociewiu. O przeszłości miasta świadczą też miejskie mury z basztami, jeden z większych, nie tylko w Polsce, rynek z ratuszem pośrodku i tradycja rokitniańskich szwoleżerów.

Największe miasto regionu – Tczew – nad Wisłą położone ma nowoczesne Centrum Wystawiennicze z filią Muzeum Wisły. Piękna jest też gotycka staromiejska tczewska fara i poklasztorny kościół dominikanów, których wieże na trwałe zrosły się z nadwiślańską panoramą.

Pozostałości dawnego zamku po joannitach i fragmenty średniowiecznych murów obronnych są też w Skarszewach, mieście dawnych szlacheckich pomorskich sejmików ziemskich.

W wielu kociewskich wsiach zachowały się zabytkowe ceglane kościoły średniowieczne, a w Szczodrowie można podziwiać niewiele późniejszą świątynię drewnianą.

Piękna to ziemia, piękna i łagodna, „z galilejską urodą", jak mawiał i pisał znany poeta, historyk i krytyk sztuki ks. prof. Janusz St. Pasierb, wielki syn tej ziemi, szczególnie sławiący piękno pelplińskiej katedry. Kraina jezior, lasów i niewysokich zielonych wzgórz. Jeden jest tylko sposób, aby krajobraz Kociewia porównać z urokiem Galilei, trzeba tu przyjechać, zobaczyć krajobraz, posmakować regionalnego jadła, poznać Kociewiaków. Serdecznie o pięknie Kociewia i Kociewiakach pisał też poeta, prozaik, autor baśni i *Bedekera kociewskiego* Roman Landowski. Dziś jeszcze w niektórych wsiach kociewskich można usłyszeć gwarę – mowę domową – kociewskiego regionu. Ponieważ trudno zajrzeć do trzytomowego dzieła *Słownictwo kociewskie na tle kultury ludowej* ks. Bernarda Sychty, warto sięgnąć po słowniczki gwary kociewskiej prof. Marii Pająkowskiej-Kensik. Gwarę usłyszymy też w gadkach i śpiewach kociewskich zespołów folklorystycznych podczas licznych, szczególnie latem, festynów i spotkań regionalnych.

Jan Stanisław Bystroń, socjolog i etnolog, którego pasja badawcza przywiodła na początku XX wieku na Pomorze, tak zobaczył i opisał Kociewie w *Dziejach obyczajów w Polsce. Wiek XVI-XVIII*: „Z ziem tych (dawne Prusy Królewskie) dość odrębną fizjonomię miało Kociewie, kraj pomiędzy Starogardem, Tczewem, Gniewem i Nowem. Była to ziemia zamożnych gburów, którzy nigdy pańszczyzny nie znali, lecz na dzierżawach starościańskich i klasztornych siedzieli".

Współczesne Kociewie tworzą otwarci, ambitni, gościnni dzisiejsi jego mieszkańcy. Pamiętając o historii i tradycji regionu, będących częścią historii i tradycji Polski, niosą oni jego bogactwo w przyszłość.

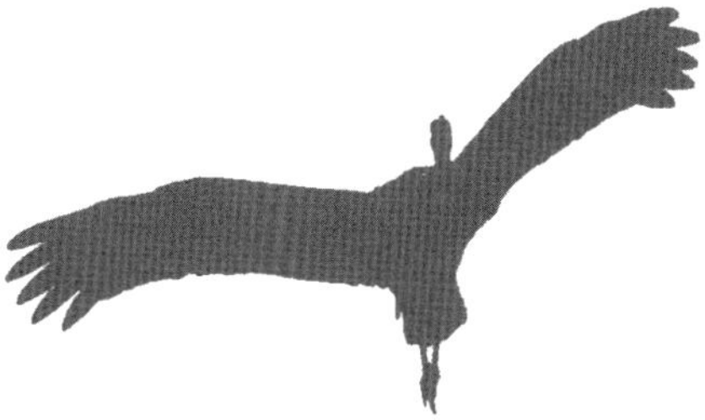

Knowing your family roots empowers you to get the feeling of being connected and accepted not only within your community. No sooner do we say that we are Polish than we add some facts about our local communities in which we and our ancestors were born and bred. In our families, we have stories that we tell and retell, keeping room in our hearts not only for our grandparents' merits but also for their faults, remembering their joys and suffering. Having a sense of a cultural identity is a strength. It is important to get a closer look at your family's land of origin, its surroundings and the region's dialect. Some varieties of the regional speech has been preserved, the other ones are likely to become extinct in the near future. In contemporary Kociewie the local language is still spoken in some families. Certain regional customs are followed, while some other ones have blended with other Polish traditions. Being aware of the cultural history of your native land with its tastes, landscape and songs gives you a sense of regional belonging and identity. Above all, it is a method of building your self-awareness.

Kociewie is one of the ethnocultural regions of the modern Pomerania, one of Poland's most culturally diverse areas. Kociewie - called Wenedia in the pre-Piast era - and other Polish regions share much common history. In the early Middle Ages Kociewie was a part of the Pomeranian principality. The region later belonged to the Piast dynasty. After that period it resisted the oppression of the Teutonic Order. During the period of the Polish-Lithuanian Commonwealth Kociewie "shone" as the "Jewel in the Crown" of the Commonwealth. In the following centuries Kociewie was a part of Royal Prussia. During the period of the Second Polish Republic the region was a part of the Pomeranian Voivodship. In the late 19th century, ethnographers started perceiving the Kociewie region as a separate entity differing from the neighbouring districts. Up till now among ethnographers there have been varying opinions on how to classify the residents of the Kociewie region. Jan Stanisław Bystroń, a Polish ethnographer and social scientist, considered people living in the Kociewie region to be a group representing an intermediate stage between the Pomeranians and the Masurians. Adam Robert Fischer, another Polish ethnographer, classified the residents of the Kociewie area as the Kuyavians. Stanisław Poniatowski defined them as a heterogeneous social group. Janusz Kamocki regarded the residents of the Kociewie district as the Pomeranians. In 1888 Zakrzewski classified the group as the one belonging to the Prussian Pomeranian group. Regardless of which theoretical explanation is used, the fact is that Kociewie is one of the most interesting ethnocultural regions in Poland. What makes Kociewie interesting and different from the other districts is the self-awareness of the people who live here and their activity within and outside the local community focusing on popularization of the knowledge about the Kociewie region.

Kociewie is situated on the left bank of the Vistula river, in the basin of four rivers: the Wda, the Mątawa, the Wierzyca and the Motława. The Kociewie region includes 3 districts: Starogard, Tczew and Świecie, the Trąbki Wielkie borough (a part of the Gdańsk district) and a part of the Liniewo and Stara Kiszewa boroughs (belonging to the Kościerzyna district). The Kociewie region covers an area of about 3.100 sq. km, most of which is situated in the Pomorskie voivodship, while the remaining 22% of the area belongs to the Kujawsko-Pomorskie voivodship. The region has a population of about 350,000. Unfortunately, there is no conclusive research on the regional identity of the population. Consequently, we do not know how many people feel to be Kocievians.

The Kociewie geographical land features exceptional recreational and cultural values. Besides smooth lowland (Nizina Walichnowska) there are also some scenic areas in the neighbourhood of Skarszewy, Pogódki and Gniew with some picturesque hills. The area covered with forests and cultivated fields has both fertile soil in some parts, and poor quality soil in some other places. In the Osiek borough there is lake Kałębie, called the "Kociewskie Sea". The lake with its area of 466 ha is the largest of the group of two-hundred lakes in the Kociewie region. The Kashubians have their lake Wdzydze, and the Kocievians are proud of their "Kociewskie Sea". The beautiful scenery of the lake and its surroundings with the ruins of a Teutonic castle harmonizes with the richness of the local history containing facts about merchants traveling along the Amber Route. Nowadays extensive forests dominate much of the area of Kociewie, from Skórcz up to Warlubie. Another woody area that the region is famous for is a part of the Tuchola Forest partly located in the following boroughs: Zblewo, Kaliska, Czarna Woda and Osieczna. The local people were once called "Lasacy", sometimes mistakenly named "Borowiacy".

Farther south there is an area reaching Gruczno populated by a sub-group of the Kocievians once called Polanie. The group colonized the area of Kociewie where vast fields prevailed. The name "Polanie" was derived from the Polish word "pola" meaning "fields". Along the long stretch of the Wda river (or the Black Water), a high hill called by the local people "Czarcie Wzgórza" or "Diabolice" (Devil's Hill) rise above the bank. From top of the hill tourists can admire the inverted image of the hill reflected in the black waters of the Wda river. Near Świecie the river flows into the Vistula River, the queen among the Polish rivers. The Vistula Landscape Park (Nadwiślański Park Krajobrazowy) is situated nearby. The Park is a protected area with a number of interesting items reminding us of the Mennonites who used to live here. The Mennonites, called by the local people "Olendrzy", were successful farmers using various agriculture techniques, including irrigation. The part of the Kociewie region is so-called "Rulewska[1] Switzerland" (Rulewska Szwajcaria)" due to its beautiful countryside with scenic lakes and picturesque river landscapes in the neighborhood of the Mątawa river.

The Wierzyca river, flowing into the Vistula near Gniew, beautifully meanders around the local fields and meadows. The town hill with a Gothic parish church and a Teutonic castle is

[1] "Rulewska" is a proper adjective derived from a place name "Rulewo", a village in the Kociewie region.

reflected in the river. Gniew and its castle remember the time of King John III Sobieski. The residents of Gniew cherish the past with re-enactment of Teutonic and Swedish knights' jousts. Nowadays the Gniew's castle is guarded by "the castellan", a group of huntsmen together with the staff of the Gniew Museum of Archaeology.

Six kilometers south-west of Gniew there is another interesting place to visit, Piaseczno where the major Kociewie's Marian shrine with its famous well is situated. The Piaseczno Museum of Tradition and History of Peasant Movement exhibits a lot of items connected with the life of Juliusz Kraziewicz, a nineteenth-century promoter of cooperative enterprise in the region. Moving farther up the Vistula river, passing Opalenie, we reach Nowe. Finally, we arrive in Świecie dating back to the 12th century. Świecie as well as Lubiszewo and Starogard were mentioned as main ducal seats in a document issued by Grzymisław, one of the Pomeranian dukes, in 1198. In Świecie tourists can visit a medieval parish church and the remnants of a castle remembering the Teutonic times.

If you take the path farther north along the Wierzyca river bank, closely following the route used by John III Sobieski, king of Poland, you will get to Pelplin, the spiritual center of the Kociewie region. Pelplin is a seat of the diocesan bishop. The town is famous mainly for the church dating back to the times of the Order of Cistercians, who left Pogódki (also belonging to the Kociewie region) for Pelplin in 1276. The Pelpin Cathedral is architecturally unique. The Diocesan Museum collects the most valuable works of local religious art. The Museum's most valuable item, however, is a copy of the Gutenberg Bible - the only copy that has survived in Poland.

Leaving Pelplin and passing Klonówka or Jabłowo you can get to the closeby Starogard Gdański-upon-Wierzyca, the capital of the Kociewie region. In Starogard a popular historical consciousness has been cultivated for years and the town's history is kept alive (e.g. some people here still cherish the memory of the Order of Saint John). The St. Mathew church, dating back to the 14th century, is the most valuable monument in the town. The Museum of the Kociewie region exhibits interesting items and is committed to communicating the diversity of local culture. There are also remnants of the town walls with preserved towers, one of the largest town squares - not only in Poland - with the town hall in the centre. Last but not least, an interesting chapter of the Polish cavalry history is associated with the capital of the Kociewie region.

Tczew – the biggest town of the Kociewie region – is situated on the Vistula River. The town is home to the Vistula River Museum situated in a newly renovated building. Another interesting site in Tczew is the Gothic parish church of the Holy Cross, with its high brick tower, situated in the centre of the Old Town. There is also the post-Dominican church of Saint Stanislaus Kostka with a characteristic octagonal tower. For centuries the towers of both churches have remained the inseparable parts of Tczew's townscape.

Another interesting Kocievian town is Skarszewy in Starogard Gdański County, where a visitor can admire remaining parts of a medieval castle and sizeable fragments of the medieval town walls. Skarszewy used to house regional assemblies (sejmiki szlacheckie) organized in feudal Pomerania.

There are a lot of examples of red brick medieval churches in the villages of the Kociewie region. Apart from that, there are also some curious examples of historical religious architecture of another kind. In Szczodrowo, lying about 7 kilometers north-west of Skarszewy, tourists can visit a wooden church from the 15th century.

Professor Janusz Pasierb, a Polish Catholic priest, poet and historian was a praiser of the region's beauty. He considered Kociewie to be a land of a charming and gentle landscape. The poet used to call Kociewie, a land of picturesque lakes, forests and mild green hills, "a land of Galilean allure". To appreciate the "Galilean beauty" of Kociewie you have to see the landscape with your own eyes, taste the local food and meet the people. If you still need more information about the assets of the region, you should get familiar with the poems and prosaic forms by Roman Landowski, another well-known promoter of the Kociewie region. Even today the Kocievian dialect can be heard in some villages of the region. To get a better understanding of the homely speech of the Kocievians you should get a closer look at two works on the Kocievian dialect, a three-volume „Słownictwo kociewskie na tle kultury ludowej" by Bernard Sychta and the dictionary of the Kocievian dialect, a more "reader-friendly" publication (in one volume), by professor Maria Pajakowska-Kęsik. Nowadays the Kocievian dialect can also be heard during folk festivals and meetings organized in the summer.

Jan Stanisław Bystroń's love of research brought him to Pomerania. The famous Polish sociologist and ethnographer described Kociewie in his book "Dzieje obyczajów w Polsce. Wiek XVI-XVIII." Bystroń wrote: "Among the lands that used to belong to Prussia Regalis the Kociewie region, whose borders were marked by Starogard, Tczew, Gniew and Nowe, featured qualities that made the district different from other Pomeranian regions. The land used to be a property of wealthy landholders who farmed much of the land rented from the local starostas[2] or monks".[3]

In modern times Kociewie is home to people who are open, ambitious and hospitable. The history of the region is a part of the history of Poland. The heritage and cultural richness are what the Kocievians live with nowadays, and what they will pass on to the future generations.

[2] A *starosta* was an overseer of the Crown lands.

[3] The excerpt comes from J. St. Bystroń's book. „Dzieje obyczajów w Polsce. Wiek XVI-XVIII". Here is the original version: „Z ziem tych (dawne Prusy Królewskie) dość odrębną fizjonomię miało Kociewie, kraj pomiędzy Starogardem, Tczewem, Gniewem i Nowem. Była to ziemia zamożnych gburów, którzy nigdy pańszczyzny nie znali, lecz na dzierżawach starościańskich i klasztornych siedzieli".

Verloren fühlt sich derjenige, der nicht sagen kann, woher er stammt. Wir sagen, dass wir Polen sind, aber gleich danach sprechen wir von unserer Heimat, vo dem Ort, wo wir geboren wurden, wo unsere Eltern und Großeltern geboren worden waren. Wir wiederholen unsere Familiengeschichten. In unseren Herzen tragen wir die Verdinste und Schulden unserer Vorfahren, ihre Freuden und ihr Leiden. So verwunzelt schreiten wir durch die Welt. Wenn wir uns dessen bewußt sind, wo unsere Heimat liegt, die als ein Ort gilt, zu dem wir unsere Sympathie empfinden, ein Ort mit seiner Gegend, wo die zu Hause gesprochene Mundart, die Sitten und Gebräuche weiter gepflegt werden. Diese Sprache und die Sitten und Gebräuche, die sich heute wenig von den polnischen Sitten und Gebräuchen und von der polnischen Sprache unterscheiden. Es gilt als ein Ort, der seinen eigenen Namen, seinen Geschmack, seine Landschaften, seine Lieder und die allgemeine Bindung aller seinen Einwohner zu dieser Region hat.

Kociewie gilt als eine Region von der etnischen Regionen von dem heutigen Pommern. Das Gebiet des heitigen Kociewie, das manchmal in den uralten Zeiten als Wenedia bezeichnet wurde, teilt seit frühesten Zeiten das historische Schicksal von Polen. Diese Region galt als ein von den pommerschen Fürstentümern. Später galt sie als ein Teil des Königreiches der polnischen Herrscherfamilie Piast. In den späteren Zeiten galt sie als ein Gebiet, das von dem Kreuzritterorden besetzt wurde. Sie war auch eine Perle in der Krone der Republik der Beiden Völkern Polen-Litauen. Später galt sie als Königlich Preussen, eine

Besatzungszohne des Landes Preussen, ein Teil der Pommerschen Woiewodschaft in den Zeiten der Zweiten Polnischen Republik. Seit der Hälfte des neunzehnten Jahrhunderts zeichneten die polnischen Etnographen deutlich das Gebiet Kociewie auf der Landkarte der polnischen Regionen aus. Bystroń zählt das Volk Kociewiacy (die Bewohner der Region Kociewie) zu der prähistorischen Gruppe der Pommeraner. Sie macht eine Zwischengruppe zwischen Pommeranern und Masuren aus. Dagegen Fischer zählt die Einwohner von Kociewie zu der Gruppe Kujawianie, die als eine Untergruppe der Gruppe Wielopolanie gilt. Für Poniatowski gilt diese Gruppe als eine Mischgruppe und Kamrocki zählt diese Gruppe zu den Pommeranern. Zakrzewski nennt die Kociewiacy (die Einwohner von der Region Kociewie) im Jahre 1888 ohne Zweifel in der pommersch- preussischen Gruppe. Trotz des Meinungsunterschiedes gilt heutzutage die Region Kociewie als ein deutliches, etnographisches Region auf der Landkarte Polens. Dabei machen das Selbstbewusstsein und das Wirken in vielen sozialen Bereichen der Einwohner von der Region Kociewie das wichtigste Bestandteil ihrer Existenz aus. Diese Merkmale zeichnen diese etnische Gruppe aus.

Die Region Kociewie liegt am linken Flußufer von Weichsel auf ihrem Mündungsgebiet iherer drei Zuflüssen Wda, Mątawa und Wierzyca. Dazu zählt auch ein Teil des Zuflusses Motława. Diese Region besteht aus drei Kreisen. Das sind die Kreisen: Starogard Gdański, Tczew und Świecie. Darüber hinaus gehören zu dieser Region die Gemeinde Trąbki Wielkie aus dem Kreis Gdańsk und ein Teil der Gemeinden Liniewo und Stara Kiszewa aus dem Kreis Kościerzyna. Die Grösse von dieser Region beträgt ca. 3.100 km¿. Das Großteil des Gebiets gehört zur Wojewodschaft Pommern. Nur 22% des Gebiets gehören zu Wojewodschaft Kujawien-Pommern. Diese Region bewohnen 350 000 Menschen. Die Frage der regionalen Identität der einzelnen Einwohnern von Kociwie wurde noch nicht ausreichend geforscht. Wir können nicht feststellen, wieviele Personen aus dieser nicht kleinen Gruppe von Menschen sich als Kociewiacy bezeichnen würden.

Das Land Kociewie zeichnet außer der Ebenen solcher wie Walichnowska Ebene auch das unterschiedliche Relief. In der Nähe von Skarszewy und Pogódki erstrecken sich malerische Hügel. In den anderen Teilen dieser Region gibt es ausser des fruchtbaren Bodens Wälder und Sand. In der Gemeinde Osiek liegt der See Kałębie auch das Meer von Kociewie genannt. Von den 200 Seen ist dieser See der größte in dieser Region. Seine Fläche zählt 466 ha. Für die Region Kociewie ist er so bedeutend wie der See Wdzydze für die Region Kaschubei. Die Farbenpracht der Gegend um den See spiegelt der Reichtum der Geschichte beginnend vom alten Osiek, das sich auf der Bernsteinstrasse befand, wo sich auch die Ruinen der alten Burg befinden. In dieser Burg wohnten die alten Starosten. In dieser Gegend zeichnen sich heute Wälder von Skórcz über Ocypel, Lubichowo, Śliwice, Tleń bis Warlubie aus. Zu dieser grünen Zone der Tucheler Heide gehören auch ein Teil der Gemeinde Zblewo, die Gemeinde Kaliska, Czarna Woda und Osieczna. Wenn wir die Region Kociewie beschreiben wollen, müssen wir daran denken, dass man früher die Bewohner dieses Gebietes als Lasacy oder Borowiacy bezeichnete.

Weiter südlich bewohnt das sich nach Gruczno erstreckendes Gebiet eine Untergruppe von Kociewiacy nämlich die Polanie. Dieser Name stammt von den weiten Feldern, die man auf diesem Gebiet bewundern kann. Von der an der Weichel liegenden Böschung her genannt auch Czarcie Wzgórza oder Diabelice kann man das dunkle Wasser von dem Fluß Wda, genannt auch Czarna Woda sehen, der in der Nähe von Świecie in die Weichsel mündet. Die Weichsel gilt als die Königin der polnischen Flüsse. Von diesem Ort ist es nicht weit zum Weichsel Landschaftsschutzpark mit seinem Andenken, die an Oleandrzy erinnern. Das waren die Übersiedler von den Niederlanden, die sich hier niedergelassen haben. Sie wurden auch Mennoniten genannt. Sie haben die Gegend getrocknet und für den intensiven Anbau vorbereitet. Die in der Nähe fließende Mątawa und die malerischen Seen bilden in diesem Theil unserer Region die Rulewska Schweiz.

In der Nähe von Gniew mündet der Fluß Wierzyca, der durch die Felder und Wiesen fließt. In seinen Gewässern spiegelt die Stadt mit seinem Hügel wider. Über der Stadt überragt die Silhouette der gotischen Kirche und die Silhouette der Burg, die die Kreuzritter bewohnt haben. Die Stadt Gniew und ihre Burg erinnert auch an den König Johann der Dritte Sobieski und die heute stattfindenden ritterlichen Kämpfe mit den Kreuzrittern oder

Schweden gehören zur historischen Tradition. Über die Burg von Gniew verwalten außer Burgvogt auch die Jäger mit der Filale des Archeologischen Museum von Danzig.

In Piaseczno befindet sich die größte Marienkirche von Kociwie mit dem berühmten Brunnen. In dem Museum der Tradition und Geschichte der Volksbewegung finden wir viele Andencken an Juliusz Kraziewicz. Das war ein Nestor des genossenschaflichen Produktionswesens. Weiter wenn wir die Weichsel entlang fahren, erreichen wir über Opalenie die Ortschaft Nowe, wo die mittelalterliche Pfarrkirche und die Überreste der Kreuzritterburg erhalten geblieben sind. Wir können auch weiter nach Świecie fahren. Das ist eine Stadt, die zum ersten Mal im Jahre 1198 neben Starogard und Lubiszewo als der Hauptsitz der Fürsten erwähnt worden ist. Dort ist auch eine Kreuzritterburg erhalten geblieben.

Wenn wir dem Fluß Wierzyca entlang fahren, so wie Johann III Sobieski mit seinem Hof das getan hat, können wir sehr leicht die Stadt Pelplin erreichen. Pelplin gilt als die geistliche Hauptstadt von Kociewie. In dieser Stadt befindet sich der Sitz des diözesanen Bischofs. Die hier befindliche Kirche ist in der ganzen Welt berühmt. Sie wurde von den den Zisterziensern errichtet und wurde hier im Jahre 1276 von Pogódki gebracht. Es ist eine architektonische Sehenswürdigkeit. Im hiesigen Museum der Diözese finden wir einen besonderen Schatz nämlich die Bibel von Gutenberg, die wir nirgends in Polen zu sehen bekommen.

Aus Pelplin über Klonówka oder Jabłonowa ist nicht weit nach Starogard Gdański. Diese Stadt gilt als die Hauptstadt von Kociewie. Starogard liegt auch am Fluß Wierzyca. Hier stoßen wir sehr oft an Orte auf, die uns an die Joaniten erinnern. Hier können wir die alte, gotische Pfarrkirche des heiligen Mathias und das regionale Museum besichtigen, die das umfassende Wissen über ganz Kociewie präsentiert. Von der Vergangenheit dieser Stadt zeugen auch die Stadtmauer mit den Basteien, einer der größten Stadtmärkten in Polen und die Tradition der Chevauleger.

Die größte Stadt der Region Kociewie – Tczew - , die am Weichsel liegt – hat ein modernes Austellungszentrum mit Filale des Weichselmuseum.

Schön ist auch die gotische, altstädtische Pfarrkirche und die Klosterkirche der Dominikaner, deren Türme fest mit der Stadtpanorama verbunden sind.

Die Überreste des alten Joanniterkirche und die Fragmente der mittelalterlichen Stadtmauer sind in der Stadt Skarszewy zu finden. Dort fanden alte adelige pommersche Landtage statt.

In vielen Dörfern dieser Region sind alte Kirchen aus dem Mittelalter erhalten geblieben und in dem Dorf Szczodrów kann man eine ein wenig spätere Holzkirche bewundern.

Schön ist diese Region und sanft mit einer wunderbaren Pracht wie schrieb und glaubte bekannter Dichter, Historiker und Kunstkritiker Prof. Janusz Pasierb, ein polnischer Priester, ein großer Sohn von dieser Region, der vor allem die Schönheit des Doms von Pelplin in seinen Schriften berühmt machte. Das Land der Seen, der Wälder, der kleinen grünen Hügel. Es gibt nur eine Weise, um die Pracht der Region mit der alten Galiläa zu vergleichen. Man muss diese Region besuchen, die Landschaft sehen, das regionale Essen kosten, die Bewohner dieser Region kennen lernen. Berühmt Kociwie machte auch in seinen Schriften Roman Landowski. Er schrieb über der Pracht dieser Region und über ihrer Bewohner. Er war ein Dichter, Prosaiker, der Autor von Märchen und ein Autor des Führers über diese Region. Noch heute kann man Dörfer finden, wo wir die regionale Mundart hören können. Da das dreibändiges Werk von Bernard Sychta nur mit Mühe finden kann, können wir die Wörterbuchern von Prof, M. Pająkowskiej-Kęsik einsehen. Die hisiege Mundart können wir auch in den Gesprächen und in den Liedern, die meistens im Sommer während zahlreichen regionalen Veranstaltungen vorgeführt werden, hören.

J. S. Bystroń, der Soziologe und Etnologe, dessen die Forschungsleidenschaft Anfang des 20. Jahrhundrts nach Pommern führte, sah und schilderte so die Region Kociewie in seinem Werk „Dzieje obyczajów w Polsce. Wiek XVI-XVIII: „Von dieser Region (ehemalige Königlich Preussen hat Kociewie ein eigener Antlitz. Das Land zwischen Starogard, Gniew und Tczew. Das war die Region der reichen Herren, die was Leibeigenschaft ist, nicht wußten, die die Ländereien pachteten.

Das heutige Kociewie bilden offene, stolze, gastfreundliche Menschen, die die Geschichte und Tradition dieser Region kennen. Das ist ein Teil von der Geschichte und Tradition von ganz Polen und die Bewohner dieser Region weiter in die Zukunft tragen.

Na skraju lasu

Stanąłem tam gdzie lasu brzeg
I sarny szare jak mroźny zmierzch
Głód je tu przywiódł i śpiąca
Pod śniegiem ozimina

Z nieba zwisały sople chmur
A lasu wilcze zęby różem krwawym
Barwiło słońce kryjąc się za wzgórzem

W świerczynie stęknął śnieg
I sójki trwożnie zaskrzeczały
Czmychnęły sarny w szary zmierzch
Życie tam znajdą czy śmierć

Ten kto ostatecznie liczy wie